LA UBERIZACIÓN DE LOS MEDIOS DE PRODUCCIÓN EN BRASIL - LA PRECARIZACIÓN DEL TRABAJO

JOSÉ RUIZ WATZECK

ISBN: 9798374298734

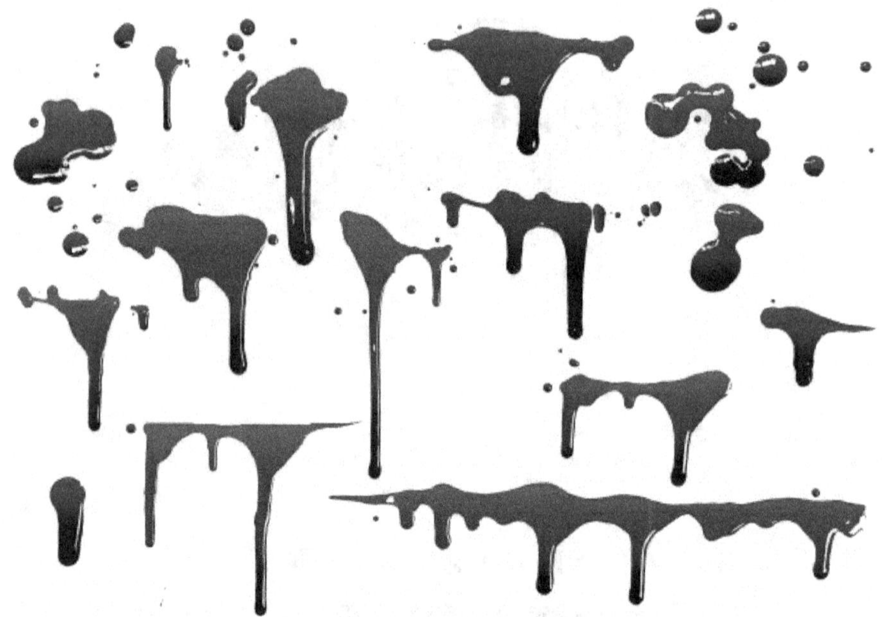

Copyright © 2023 JOSÉ RUIZ WATZECK

W353A *Watzeck, José Ruíz, 1977*

La uberización de los medios de producción en Brasil – La precariedad del trabajo.
José Ruiz Watzeck

1ra Edición - São Paulo, Brasil - 2023.
76p. 21cm
ISBN:978-65-001-2250-3

1º Los mensajeros moteros. 2º Controladores de aplicación. 3º Los motoboys.

yoLa uberización de los medios de producción en Brasil – La precariedad del trabajo.
DDC: 301

1RA EDICIÓN

Enero - 2023

Copyright © 2020 JOSÉ RUIZ WATZECK

DEDICACIÓN

Dedico este trabajo a todos los profesionales de esta nueva categoría, que mientras leemos este libro, están transportando personas, repartiendo comida o limpiando una oficina o una casa. Incluso en condiciones adversas, siempre estarán listos para una nueva convocatoria en sus aplicaciones.

RESUMEN

INTRODUCCIÓN

En la obra "Sociedad de la fatiga", el filósofo surcoreano Byung Chul Han afirma que hemos pasado de una sociedad represiva, en la que los individuos eran vigilados y castigados constantemente, a una sociedad de actuación, en la que todos creen en la ilusión de ser capaz de cualquier cosa y que para hacer realidad los sueños basta con la determinación y el esfuerzo individual. Así, el sujeto contemporáneo se convierte en hacedor de sí mismo y exige la máxima eficacia en cada una de sus acciones. Para el sistema productivo, esta forma de ver el mundo y a uno mismo es sumamente ventajosa, ya que aumenta la productividad de las empresas, sin embargo, trae como consecuencia una marea creciente de personas deprimidas, frustradas y suicidas.

Quizá por eso las grandes empresas hacen uso del famoso eslogan "Sí se puede".

Comparando los pros y los contras de esta nueva forma de trabajar, La uberización de los medios de producción en Brasil, podemos enumerar algunos puntos positivos; según las apps, los socios tienen flexibilidad en los horarios y días que les gustaría trabajar, están On o Off según su voluntad y/o necesidad, por lo que es claro que son ellos quienes deciden su viaje. En una visión más liberal, en la que el mercado regula estas relaciones laborales de forma más efectiva que el Estado, dentro de este concepto las aplicaciones están creando un nuevo modo de transporte y entregas más económicas que los taxis que están regulados y supervisados, para el usuario parece ser buena relación calidad-precio, además, dada la situación con casi 14 millones de desempleados en Brasil, estas empresas afirman que están generando millones de puestos de trabajo para la población, muchos de los desempleados del país, una mayoría sin preparación ni formación específica se siente atraída por esta falsa libertad de ejercer la profesión. Aún dentro de esta visión, la ley de la oferta y la demanda definirá los valores que ganará cada uno, si el monto pagado por determinada aplicación es demasiado bajo, nadie querrá trabajar con ella, si los valores son atractivos muchos migrarán a su plataforma.

Por otro lado,muchos corroboran que esta nueva modalidad es la precarización del trabajo, es notoria una relación de subordinación, ya que los choferes y repartidores están obligados a cumplir metas, como por ejemplo, mantener una nota arriba de 4.70 para mantenerse activos en las plataformas, esta nueva categoría no tiene ninguna relación laboral, no hay vacaciones pagadas, no hay salario 13, ni es licencia paga por accidente de trabajo, lo más curioso es que las aplicaciones entienden que se trata de una relación de trabajo por cuenta propia, incluso aunque cobran en promedio el 25% de los valores de cada viaje y si por casualidad la moto o el auto del compañero se estropea o es robado, inmediatamente perderá su "trabajo", quedando nuevamente en una situación problemática. Vale la pena mencionar que en muchos países del mundo, esta no es la interpretación, actuar en vista de que si la aplicación es titular de los clientes y estas empresas son las que calculan los viajes/ entregas, es una relación entre jefe y empleado. Básicamente lo que está pasando es una nueva relación de trabajo, y una gigantesca disputa para intentar encuadrarla en una de las categorías que ya rigen en el país.

Ahora la pregunta que se quiere silenciar, ¿esta nueva modalidad es beneficiosa para el trabajador? y bopara empresas? ¿Es bueno para la sociedad? Quizás las respuestas sean muy variadas, pero empatizando, pude ver las dificultades y dilemas de esta profesión.

Hay otras líneas de pensamiento que podrían aplicarse a este tema, tales como; El estado de bienestar de *John Maynard Keynes*, o el Estado Mínimo de Milton Friedman, el clásico La Alienación del Trabajo de Karl Marx y poniendo fin a la tesis de Zygmunt Bauman y cómo la tecnología ha cambiado las relaciones laborales actuales (Modernidad Líquida).

PREFACIO

¿Cómo se ha reproducido la dominación durante tanto tiempo sin revolución, sin lucha de clases, sin guerras entre la burguesía y el proletariado?

Quizás porque ha surgido un nuevo tipo de perspectiva de la revolución, que invalida por completo las anteriores. Notoriamente, hoy en día, la clase dominada ya no se ve así, es una dominación en la que el dominado está de acuerdo con el dominante en casi todo. Es una visión en la que dominado y dominante se corroboran en varios aspectos, pudiendo incluso llamarse una dominación justa, coherente y normal, ganándose el nombre de dominación simbólica o ideológica.

¿Porque en el momento mismo de pensar el mundo como realmente debe ser, burgueses y proletarios convergen mucho más de lo que discrepan?

De hecho, es irrefutable que esta lucha está enmascarada, nunca se explicará como un desequilibrio flagrante, de esta forma, hoy en día, no se ven movimientos, manifestaciones en contra de este sistema.

Lo más cruel de todo esto es un medio de comunicación sucio e hipócrita, que se disculpa día y noche en la televisión, revistas, periódicos e internet, dando una falsa creencia en la armonía entre las relaciones de clase, cuanto más convencidos estén los profesionales del marketing, más eficaz será. estar en hacer esta relación obvia, normal, aceptable, natural, etc... Cuanto más normal te encuentres, unos con salarios estratosféricos y otros con salarios irrisorios, más explotado será el trabajador.

De esta manera, es fácil comprender el éxito de las telenovelas, las revistas y los periódicos si entendemos que estos son instrumentos de dominación ideológica, es decir, portadores de una concepción del mundo ideal que hace interactuar a burgueses y proletarios.

Y para que esta dominación de clase sea clara y explícita que burgueses y proletarios están de acuerdo prácticamente en todo, los dominados no se ven como tales, nunca se ubican en la clase oprimida, ni se creen pertenecientes a una clase menos favorecida y creyendo que de una forma u otra, pertenece a una élite imaginaria.

Cuesta entender que los oprimidos son los primeros en defender este sistema caótico, son los primeros en creer que esta forma de relación es justa, la dominación ideológica no requiere convencimiento, adoctrinamiento, el sujeto ya está totalmente a favor del sistema . Haciendo una analogía global, ¿cuáles son los países que Estados Unidos o Europa no necesitan invadir militarmente? Son los que se alinean con sus medios, Brasil es completamente dócil a la ideología de la globalización, la americanización del país, de esa manera, el uso de la fuerza aquí no es necesario, el brasileño está totalmente a favor de este método de entrenamiento. Por otro lado, los países que no están de acuerdo con esta imposición, sufren barreras comerciales, presiones económicas y si aún así no se rinden, la invasión militar jugará su papel, como se vio en Afganistán, Irak, Vietnam, Cuba.

En otras palabras, sólo se recurre a la violencia cuando la ideología no ha jugado su papel en la formación. Y cada vez más, la ideología ha ido cumpliendo su propósito, ver cómo los llamados países subdesarrollados tratan a los suyos.

CAPÍTULO 1: ENTREGAS DE MOTOCICLISTAS

El trayecto de un repartidor ciclista suele ser largo, oscilando entre las 8 de la mañana y las 16 horas del día, de 6 a 7 días a la semana. La mayoría de estos trabajadores vive en las áreas periféricas de São Paulo, despertándose con el amanecer, pedaleando alrededor de 10 a 20 kilómetros para posicionarse en lugares estratégicos, o sea, con una mayor demanda de llamadas para contestar, sin ninguna relación laboral, sin cualquier derecho garantizado por la constitución, hoy, esta nueva categoría suma casi 11 millones de empresarios en Brasil. según el Instituto Brasileño de Geografía y Estadística (IBGE).

Registrado en las mayores aplicaciones de delivery (Delivery) y también en las mayores plataformas de drivers de aplicaciones, pude seguir el día a día de estos trabajadores, donde pude testimoniar el regreso del trabajo esclavo en la 4ta revolución industrial, o como algunos prefieren llamarlo, la revolución 4.0[1].

Cerca de 45% destes operários modernos, não são donos nem da bicicleta que trabalham, utilizam transportes públicos como metrôs, trens e ônibus para chegar em seus locais de start, alugam sua ferramenta de trabalho de um grande banco e dão início a mais um dia de trabajo. Habitualmente en las regiones de

Avenida Paulista, Avenida Brigadeiro Faria Lima y con puesto casi fijo en Largo da Batata, en el barrio Pinheiros, estos trabajadores se ponen a disposición de empresas que nunca conocieron su sede física, sin embargo, trabajan en días calurosos. , días fríos y lluviosos sin anotar la fecha en el calendario, sábados, domingos, festivos y días festivos. No pueden parar, el sustento de la familia viene de esta modalidad, un solo día parado, representa un déficit en el presupuesto del mes.

Invisibles para la sociedad, son piezas importantes para la comodidad de quienes pueden permitírselo, desde medicamentos hasta supermercados, desde pizzas hasta almuerzos familiares, hoy en día nadie puede prescindir de estos servicios.

Foto: Estadio

Si bien, llevando los más variados menús gastronómicos,

normalmente estos trabajadores no tenían la condición de almorzar o cenar, pues como el pago se realiza semanalmente, la gran mayoría pasa todo el día con solo el desayuno en el estómago, es decir, cuando no se dejan para otro día, con solo un vaso de agua. Cuando un cliente le entrega al mensajero una propina de R$ 2,00 R$ 3,00 en el momento de la entrega, comprará un pan o algo salado para poder aguantar el viaje. Es muy común ver a estos trabajadores sentirse enfermos en días de mucho calor, con un esfuerzo colosal y sin la adecuada reposición calórica y la hidratación básica, hay bajada de presión arterial, náuseas, antojos, es muy evidente la debilidad y lo que hacen. para recuperarse, descansar unos minutos,

Con la falsa ilusión del emprendimiento, de que serás tu propio gerente (jefe) y con la "flexibilidad" de horarios, (trabajas cuando y como quieras), los jóvenes evaden las escuelas en busca de este sueño, cuando, por la en su mayor parte, son simplemente las necesidades presupuestarias del hogar las que los llevan a esto. Es triste ver que empresas millonarias se alimentan de la mala alfabetización de sus socios[2], quizás por eso, logran persuadir muy bien a sus nuevos emprendedores.

No es raro encontrar a menores de edad realizando algunas de estas funciones, cuando se empieza a hablar con estos trabajadores, algunos hicieron sus registros con documentos de familiares o amigos, al fin y al cabo todos necesitan ayudar con el presupuesto del hogar, como muchos dicen… Es por una buena causa.

El objetivo de todos los ciclistas es ahorrar dinero para sacar su licencia y comprar una moto, por supuesto, las entregas motorizadas son más valiosas, mientras que una bicicleta hace un viaje por R$ 4,00 o R$ 5,00, las motos hacen dos o tres con un 50% más de valor, sin el dilema de pedalear al restaurante y luego al domicilio del consumidor.

Casi en su totalidad, estos jóvenes no completaron ni siquiera el curso fundamental II, antiguo gimnasio, y cierta versión de la escuela se vuelve unánime. Es muy común escuchar de ellos que su tío, su primo con título universitario, están desempleados, yendo más allá, algunos incluso ayudan económicamente a estos familiares, reforzando la tesis de que estudiar no soluciona nada cuando se tiene hambre.

Basta con que el primero sea aprobado en una solicitud y empiece a hacer entregas, que como un virus se propaga en las comunidades y sus amigos y familiares empiezan a ver una solución para solucionar los problemas de la familia. En consecuencia, cuantas más horas se dedican al servicio, mayor es el ingreso, la escuela se convierte en un obstáculo, entre poder ayudar a la madre y cumplir sus sueños de tener moto, ropa y novias, los estudios son ignorados como una carga en sus vidas. , algo que ralentizará tus objetivos y necesidades.

(Reproducción/Toni D'Agostinho)

El estrés se ha vuelto muy común en estos jóvenes, la mayoría menores de 25 años, estos chicos y chicas ya sufren algún tipo de depresión, donde se refugian en las drogas, el alcohol y el cigarrillo. Con una intensa carga de trabajo, problemas personales y la falta de dinero en el hogar, la única forma de que se escapen es utilizando estos productos nocivos, un ejemplo muy común son los que prestan un servicio para una determinada aplicación, que si el cliente cancela el pedido durante el recorrido del repartidor, el socio se queda con el monto de la deuda, es decir, el total de la compra, en cambio si quiere deshacerse de esta cuenta echada a la espalda, tiene que llevar los platos a la sede de la empresa en el siguiente día hábil para su eliminación. Ahora, a modo de reflexión, imaginemos que este repartidor en particular acepta este pedido para su entrega un sábado a las 12 horas, si el cliente cancela tendrá que guardar este material en su mochila hasta el lunes siguiente, si no es festivo, en este caso solo podría deshacerse de él el martes, durante este período el repartidor tendrá que guardar el plato todo el día, cuando llegue a casa, esconderlo en un lugar que ningún miembro de la familia pueda tomar, normalmente fuera de refrigeración para que en el día laborable puede llevarlo a la oficina y deshacerse de los valores asignados a él sin su consentimiento. Por lo general, este plato llega a la empresa completamente podrido y los asistentes confirman que no falta nada para que se pueda cancelar el pedido, es una crueldad sin precedentes, sabiendo que los socios casi no comen nada, ¿Cuánto costaría donar este plato a su repartidor? Afortunadamente, existe otra aplicación que, en una situación como esta, le pide al repartidor que se deshaga de él como desee. Es por estas razones que vemos a nuestros jóvenes con las emociones completamente sacudidas, como si los problemas en casa no fueran suficientes, tienen que esperar para que el cliente no cancele los productos, de lo contrario pierden todo un fin de semana de trabajo, cuando no comprometerse toda la semana.

magen: Internet

Estamos destruyendo el futuro de nuestros jóvenes, en consecuencia de todo un país, haciendo una rápida analogía, ¿cómo será Brasil dentro de 10 o 15 años? ¿Quiénes serán nuestros médicos, profesores, pilotos o científicos? Con la falta de incentivos y una educación precaria, volveremos o seguiremos siendo un país agrícola, extractivo y turístico.

Raio-X do entregador

FUENTE: FIA

En afinidad con la obra Vidas Secas, de Graciliano Ramos, el personaje Fabiano tiene un dominio del lenguaje muy precario, ya que se comunica más a través de gruñidos que de palabras, al mismo tiempo que es incapaz de expresar su indignación por la explotación a la que es sometido. . De manera similar, en la realidad brasileña, muchos fabianos contemporáneosquedan explotados y sin poder mostrar su indignación, o a lo sumo, cuando lo hacen, es a través de gruñidos digitales.

(Roberto Parizotti/Fotos públicas)

CAPÍTULO 2: CONTROLADORES DE LA APLICACIÓN

Desde que comenzó la crisis económica en el país, se han eliminado varios puestos de trabajo, muchos sectores tuvieron que hacer recortes para no cerrar sus puertas. No eran sólo los profesionales no calificados los que debían incorporarse a Uberização, también debían ingresar a esta categoría innumerables trabajadores graduados: abogados, ingenieros, publicistas, profesores y una amplia gama de graduados y posgraduados se vieron obligados a adherirse al título de empresario. Según el IBGE, el 21% tiene estudios superiores incompletos, el 14% estudios superiores completos y el 6% son especialistas (posgrado).o Maestría en Administración de Empresas (MBA). Estos datos son de finales de 2019, ya que las empresas se niegan a revelar estos datos en el año en curso. Según estudios, con la pandemia que inició en marzo de 2020, estos números ya cambiaron exponencialmente, dado que miles de micro y pequeñas empresas han cerrado sus actividades por falta de oxígeno financiero. El Producto Interno Bruto (PIB) cayó alrededor de 8 puntos porcentuales en los años 2015 y 2016, como consecuencia los empleos generados fueron en este segmento creciendo año tras año esto dio una falsa impresión de recuperación económica, ya que estos empleos no fueron computados por los órganos responsables de los órganos.

Actualmente hay más de 1,5 millones de conductores registrados en Brasil, también los hay clandestinos, que por alguna razón ya no forman parte de las plataformas, algunos porque sus vehículos tienen no menos de cinco años de uso, otros por prohibición de las empresas. ellos mismos por diversos motivos y otros por no tener ni siquiera la habilitación para ejercer la función. Estos representan alrededor de 400.000 trabajadores.

Según encuestas, más de 8 millones de brasileños ya trabajaron como conductor de aplicaciones, y se detuvieron debido a la alta rotación que existe en la categoría, y es difícil precisar cuántas familias viven de esta nueva forma de trabajo.

Según Cimar Azeredo, coordinadora del área de Trabajo y Renta del IBGE, la PNAD (Encuesta Nacional por Muestra de Hogares) muestra que el sector transporte saltó de 4 millones de trabajadores en 2014 a 4,8 millones en marzo de 2019 --y la mayoría esos 800.000 nuevos puestos de trabajo son controladores de aplicaciones. Afirma, sin embargo, que la investigación aún no registra este sector en su conjunto. "La PNAD tendrá que adaptarse para captar estas formas atípicas de trabajo", dice.

Según Renan Pieri, de la FGV, los primeros en migrar a las aplicaciones fueron los más jóvenes, que aún estaban en la universidad. "Esta porción es siempre la primera en ser despedido", dice Pieri. La razón es que muchos de ellos aún están al comienzo de sus carreras y no realizan funciones esenciales dentro de las empresas. "Son personas que dejaron de estudiar para seguir en el mercado laboral a través de las apps", dice. Según cifras del IBGE, ese grupo está compuesto mayoritariamente por personas entre 18 y 29 años.

El profesor de la FGV dice que, como el desempleo era muy alto, se llegó al punto en que también se despidió a los más experimentados (y calificados). No en vano, el grupo más numeroso está compuesto por profesionales de entre 30 y 49 años (52% en total). Aun así, hay puntos positivos, como la posibilidad de generar rápidamente trabajo e ingresos en tiempos de crisis. "Sin eso, el desempleo seguramente sería mayor", dice Renato Meirelles, presidente del Instituto Locomotiva. El caso es que esta modalidad llegó para quedarse y está cambiando las relaciones laborales.

La tendencia es que estas empresas crezcan más cada año, Brasil no muestra perspectivas de mejora en su economía por otro lado, el creciente número de usuarios de estos servicios aumenta día a día.

Lo que aún no se sabe es si estas personas seguirán trabajando con las aplicaciones. "La tecnología abre una posibilidad de servicios y trabajo. Pero eso no necesariamente se convertirá en una ocupación permanente", afirma Clemente Ganz Lúcio, director técnico del Dieese (Departamento Intersindical de Estadística y Estudios Socioeconómicos).

Por el momento, "la gente todavía piensa que estos trabajos son temporales. La mayoría de ellos están ahí porque están pasando por una etapa sin encontrar vacantes en su ocupación original", dice Azeredo, del IBGE.

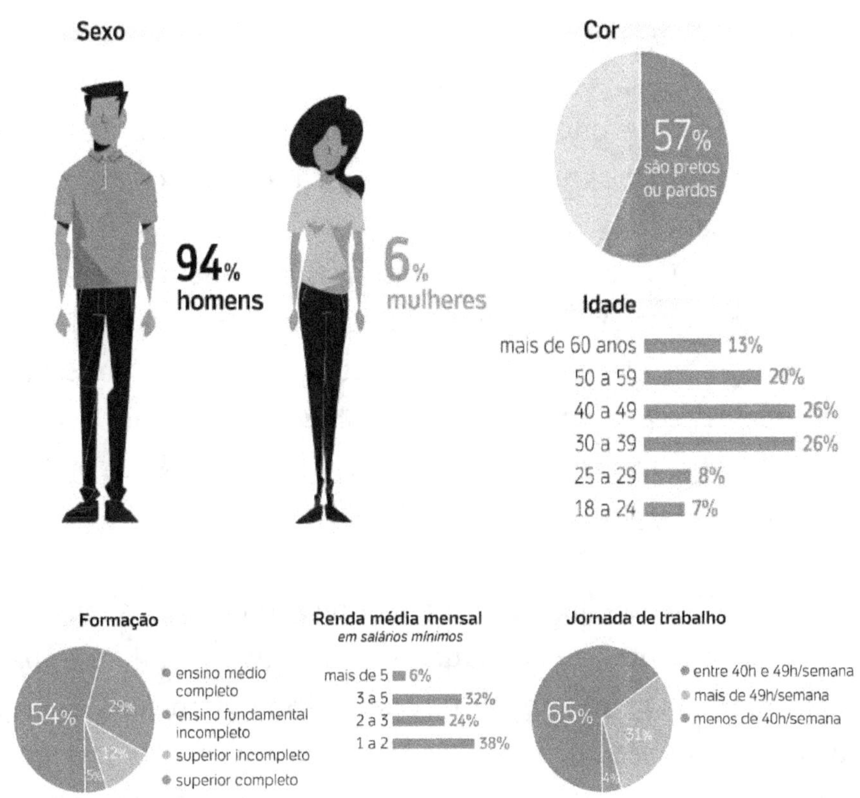

FUENTE: IBGE/PNA 2019

Trabajando más de 10 horas al día, esta clase de trabajadores sufre la mayor humillación, tanto por parte de los usuarios como de las aplicaciones. Los obligan a transportar completamente borrachos, drogados, fuera de control a personas que creen que están en sus habitaciones, ponen los pies en los asientos, suben el volumen de la radio, vomitan y orinan dentro del vehículo, hacen que el chofer los lleve a comprar drogas. , exponiendo al trabajador a diversos riesgos legales e ilegales. Otra práctica que ha ido en aumento es el acoso, si es por otro hombre y el conductor se queja del comportamiento, el pasajero dice que lo demandará por homofobia, se quejará a la app hasta que lo desconecten de la plataforma. Si es una mujer,

Es evidente que esta es una calle de doble sentido, hay muchos conductores que se exceden con ambos sexos, como se ve en la cantidad de mujeres violadas que se reportan en los diarios casi a diario. Los criterios son mínimos para que la persona se inicie en la profesión, basta con tener licencia de conducir, un auto con un máximo de cinco años de uso y en algunas solicitudes, no tener antecedentes penales, no hay seguimiento. con los colaboradores, varios sufren robos, secuestros, accidentes pero las empresas pagan por la productividad.

En un ejemplo cotidiano, solo una tarde lluviosa cuando la demanda aumenta, si el conductor decide que no quiere trabajar en ese momento, no sufrirá un castigo inmediato, sin embargo, cuando decida permanecer encendido, no recibirá viajes por un período, ya que el mismo, no contribuyó a calmar la demanda.

Uno de los problemas que más enfrentan los conductores es que la aplicación de transporte de pasajeros más grande no informa el destino hacia donde se dirige el usuario, es decir; el "compañero" acepta una carrera sin saber a dónde va y sin tener idea de cuánto recibirá por este servicio, es una cobardía sin precedentes. ¡Cómo es que un trabajador se ve obligado a trasladarse a zonas de alta criminalidad sin tener derecho a saber que su destino será ese lugar! Lo hacen deliberadamente, porque si aparece un vecindario estadísticamente peligroso, nadie irá y la aplicación perderá a este cliente ante su mayor competidor.

Yo, en particular, sufrí tres robos manejando a estas aplicaciones, perdí celulares, dinero, relojes, un anillo de matrimonio y en el último se rompió la ventana del lado del pasajero en un cruce de la capital paulista. Cuando informé de los hechos a las empresas, las respuestas fueron estándar: "Busquen a las autoridades competentes y en cuanto estén listos, vuelvan a correr con nosotros". Un desprecio flagrante, pero estaba al tanto de todo esto, ya que es necesario recopilar la mayor cantidad de información posible para poder elaborar esto. Muchos compañeros que hice cuando ejercía esta profesión decían... Tuviste suerte, solo se llevaron bienes materiales, casi todos ya habían pasado por situaciones similares y otras peores. Casos de conductores que, durante el robo, fueron colocados en la cajuela del vehículo y permanecieron allí durante cuatro, cinco horas,

Una profesión de alto riesgo con una remuneración mediocre, no hay con quién quejarse, si decides demandarlos, tus abogados pronto te presentarán un contrato virtual que afirman que firmaste renunciando a cualquier derecho o compensación.

Otro despropósito notorio es que estas empresas se quedan con alrededor del 25% de cada viaje, el conductor normalmente alquila un auto o pone a disposición de las aplicaciones su único activo y se le retira una cuarta parte de sus ganancias de su estado de cuenta. Si hacemos un simple cálculo, veremos un acto de opresión total al trabajador, hablaremos hipotéticamente, si una persona gana R$ 200,00 en 12 horas de trabajo....

VALOR BRUTO	HORAS TRABAJADAS	COSTOS	TOTAL
BRL 200,00	12	BRL 80,00	BRL 120,00
	BRL 16,66 por hora	PEINE/SUMINISTRO	

Este escenario es el más optimista, si tienes un pinchazo o algún problema mecánico o eléctrico, esta tabla se vuelve negativa inmediatamente. La factura del combustible es sencilla, si funciona con etanol el costo es del 30% al 35% en un vehículo 1.0, si funciona con gasolina el valor es del 25% al 30%, por eso una parte de los trabajadores dueños de su auto opta por poner GNC (Gas Natural), con un costo de casi R$ 4.500,00 para la instalación, el conductor pasa a recuperar sus ganancias dentro de los ocho meses de servicio.

También está el costo del servicio telefónico, el profesional que decida trabajar en este rubro necesitará realizar un plan de datos y teléfono, las aplicaciones piden un paquete de datos promedio de 8 a 10 GB de internet y telefonía ilimitada, generando un costo final con el operador más una cuenta de R$ 89,90 por mes.Está obligado a llevar por lo menos R$ 50,00 en cambio y otros R$ 50,00 para eventuales peajes.

Volviendo al tema de la seguridad de los trabajadores, ciudadanos, cientos de conductores con los que hablé están armados, y otra parte cuestiona por qué el Estado prohíbe este derecho, haciendo una analogía con la concepción de Thomas Hobbes, el contrato social consiste en el pacto voluntario establecido entre los miembros de una sociedad a favor de un gobierno común. A través de ella, los individuos abdican de su libertad de elección a cambio de la seguridad que debe garantizar el Estado, es decir, se transfiere el poder a una institución soberana para obtener las ventajas que ofrece. A la luz de una relectura contemporánea de la teoría hobbesiana, es posible agregar el tema de la seguridad a la discusión sobre los límites de las libertades individuales, incluida la posibilidad de portar un arma de fuego. A partir de este panorama, buscamos comprender la opción del individuo, al imponer un mal, y la coerción del Estado al obstaculizar las elecciones personales.

Evidentemente este tema es muy complejo en todos sus aspectos, pero al menos debe ser discutido sin carácter político electoral., apuntando únicamente al bienestar social.

El referéndum sobre la prohibición de la venta de armas de fuego y municiones, realizado en Brasil el 23 de octubre de 2005, no aprobó el artículo 35 del Estatuto de Desarme (Ley 10826 de 22 de diciembre de 2003). Este artículo tenía la siguiente redacción: "Artículo 35 - Prohibida la venta de armas de fuego y municiones en todo el territorio nacional, salvo las entidades previstas en el artículo 6 de esta Ley". El referéndum estaba programado e incluso tenía una fecha fijada en el propio Estatuto de Desarme.

Debido a la gravedad del asunto, la necesidad de someter a referéndum el artículo 35 ya había sido identificada durante la redacción y desarrollo de la ley. Su realización fue decretada por el Senado Federal el 7 de julio de 2005 por decreto legislativo n° 780. [1] El artículo 2 de este decreto estipulaba que la consulta popular se realizaría con la siguiente pregunta: "¿Debe prohibirse en Brasil el comercio de armas de fuego y municiones?" Los votantes podían optar por responder "sí" o "no", votar en blanco o votar nulo. El resultado final fue de 59 109 265 votos por el "no" (63,94 %), mientras que 33 333 045 votaron por el "sí" (36,06 %).

Otro grave problema que aqueja a los conductores es la industria fina, es impresionante como estos trabajadores sufren con agentes de la CET (Companhia de Engenharia e Tráfego), en aeropuertos, estaciones de autobuses o saliendo de salas de conciertos, siempre hay un agente trabajando una infracción, claro que algunos son justos, pero la mayoría no, son una mafia al servicio del ayuntamiento, como si los radares y la guardia civil metropolitana con las famosas pistolas encima de cada puente sobre las calles marginales de São Paulo no fueron suficientes. Tanto es así que la mayoría de estos se basan en argumentos estúpidos, sin ningún fundamento legal, sin embargo, el "infractor" tiene que pagar para apelar a posteriori al DETRAN, incluso cuando se embarcan o desembarcan personas con movilidad reducida, usuarios de sillas de ruedas o ancianos.

Inspector de tránsito multa a conductores de App en el aeropuerto de Congonhas, en la capital de São Paulo*Imagen: Rivaldo Gomes/Folhapress*

CAPÍTULO 3: LOS MOTOBOYS

A cualquier hora del día o de la noche ahí están, vestidos prácticamente igual; Con sus cascos, guantes, caja (Bolsa) o baúl en sus motos, se enfrentan al loco tráfico de São Paulo y las grandes ciudades brasileñas. Llevándote pizza, medicinas, flores, comida rápida, ropa y zapatos y una amplia gama de productos y objetos.

Con más de 220 mil trabajadores en la categoría solo en São Paulo, la profesión viene creciendo exponencialmente, debido a la baja calificación de los profesionales y la crisis económica que se extiende sin piedad en Brasil.

Si bien la mayoría de las personas hacen uso de los servicios prestados por ellos, estos trabajadores sufren una discriminación absurda en el ejercicio de su función, es muy común cuando un motoboy se acerca a un vehículo en un semáforo, los ocupantes levantan las ventanas, cuando se dirigen a los edificios o condominios de nivel medio y alto, sufran perjuicio en primera instancia por parte de los porteros y guardias de seguridad del lugar. Hasta que el residente justifique su presencia, se le ve como si fuera un delincuente, un delincuente o una persona con enfermedades contagiosas.

En los edificios comerciales, la discriminación va desde la

entrada hasta los ascensores, es muy común ver a ejecutivos, secretarios y miembros del directorio de empresas negándose a entrar al mismo ascensor que este proletario, sobre todo en días de lluvia, cuando el agente de carga con su impermeable mojado y goteando en la alfombra del pasillo, y si me tropiezo con estos trajes de hombres con corbata, quieren llamar a seguridad, ¿cómo puede este tipo ensuciar mi ropa así? Son informes de varios profesionales del área, son muy pocas las personas que aun necesitando de sus habilidades los tratan con amabilidad y cordialidad. Siempre ha sido una categoría mal hablada por los propios usuarios, nunca habían merecido expresión social, popularmente se les llama Crazy Dogs.

Cuando van a un restaurante a recoger el pedido que les marcan las apps, suelen quedarse fuera, independientemente del clima, ni siquiera pueden usar el baño en la gran mayoría de los establecimientos y mucho menos pedir un vaso de agua, son tratados como una carga para los administradores y propietarios del sitio. En los días de alta demanda, los cocineros naturalmente retrasan los pedidos, pero es el motoboy quien será mal evaluado por el cliente, después de todo, la señora y el barón tienen hambre y están pagando para ser atendidos expresamente. La aplicación de entrega más grande del país estipula un tiempo para que usted llegue al establecimiento, si llega tarde por una u otra razón, esta entrega se transferirá de inmediato a otro ciclista, no hay tolerancias, llueva o haga sol, el "socio" tiene que llegar a la hora,

Hasta que llego la nueva pandemia del Corona Virus nadie queria salir a la calle y correr el riesgo de contraer la enfermedad, he aqui surge una profesion imprescindible, que no puede parar, aun ante un virus desconocido necesitan estar preparados .

Incluso los medios de comunicación, que siempre los han tratado como estadísticas, negligencia y diatriba, comienzan a idolatrar el servicio de motoboy. La señora entrevistada dice: "siempre doy propina, se la merecen, si no fuera por ellos qué sería de nosotros", pura hipocresía, cuando van a hacer la entrega piden dejarla en un rincón y solo recoger el pedido cuando el chico se vaya del lugar.

Este hecho de pandemia provoca que la profesión crezca en número de trabajadores, claro, varios trabajos siendo exterminados, alguien necesita llevar el sustento a casa.

Y con eso viene un gran problema, empiezan a aumentar los accidentes de tráfico con la categoría, muy evidente, las personas sin ningún tipo de preparación se ven obligadas a enfrentarse a la aplicación cronómetro.

Según datos de Infosiga, el sistema de información de accidentes de tránsito en el estado de São Paulo, hubo un aumento del 37,9% en las muertes de motociclistas en la ciudad de São Paulo durante la cuarentena causada por el nuevo Corona Virus en comparación con el mismo período de 2019. En el Estado, el aumento de víctimas mortales fue del 7,2%.

Según el Sindicato de Motomensajeros del Estado de São Paulo (SindmotoSP), la razón del aumento de las muertes relacionadas con los motoboys se debe a la fluctuación de los precios de los fletes, principalmente pagados por las aplicaciones de entrega, entre otros factores.

La categoría que pasa cerca de 16 horas al día recorriendo las calles y avenidas de las grandes ciudades, logran que la parte privilegiada de la sociedad pueda permanecer aislada en sus casas, disfrutando de los famosos Lives de sus cantantes favoritos o viendo sus series favoritas en streaming.

Según la mayoría de los motoboys, pasaban hambre prácticamente todos los días, temerosos de volver a casa y llevarles el virus a sus familiares a la hora del almuerzo, prefiriendo ayunar que comprometer a su familia. Al final del día, cuando terminaron de trabajar, llamaron a sus esposas, madres e hijos para pedirles que se encerraran en la habitación, para que pudieran quitarse la ropa y los zapatos afuera y correr al baño, solo así pudieron Besa sus manos, niños.

Muchos dijeron: "Si contraigo este virus, ¿quién mantendrá a mi familia? ¿Qué será de nosotros? Las tarifas ya son bajas, ¿imagínate que la gente no pueda poner comida en la mesa?".

Totalmente imparcial pero justa, iFood fue la única aplicación que creó dos fondos solidarios para sus mensajeros, que suman R$ 2 millones. El primero, por valor de R$ 1 millón, fue para apoyar a quienes necesitan permanecer en cuarentena". El segundo millón tiene como objetivo permanecer en aislamiento para grupos de riesgo, mensajeros mayores de 65 años. También fue la primera empresa en donar alcohol en gel y mascarillas a sus empleados, creando sin costo un túnel de higiene para motos y bicicletas en zonas concurridas de la capital. Eso sí, necesitan mejorar en muchos aspectos laborales, una acción no invalida otra.

Sin embargo, una excelente iniciativa, lamentamos que los competidores no hayan hecho nada a favor de sus "socios".

Foto: Internet

La Constitución brasileña promulgada en 1988 garantiza a los ciudadanos una serie de derechos, incluido el acceso al trabajo. Sin embargo, en el cotidiano nacional se observa el irrespeto a la máxima ley del país, ya que muchos trabajadores se ven explotados diariamente por empresas que se instalan en Brasil huyendo de los lazos laborales, esto ocurre debido a políticas sórdidas que apuntan solo a los intereses de unos pocos. y resultando en una infinidad de trabajadores sin ningún derecho garantizado ya merced de la explotación de la fuerza de trabajo.

JOSÉ RUIZ WATZECK

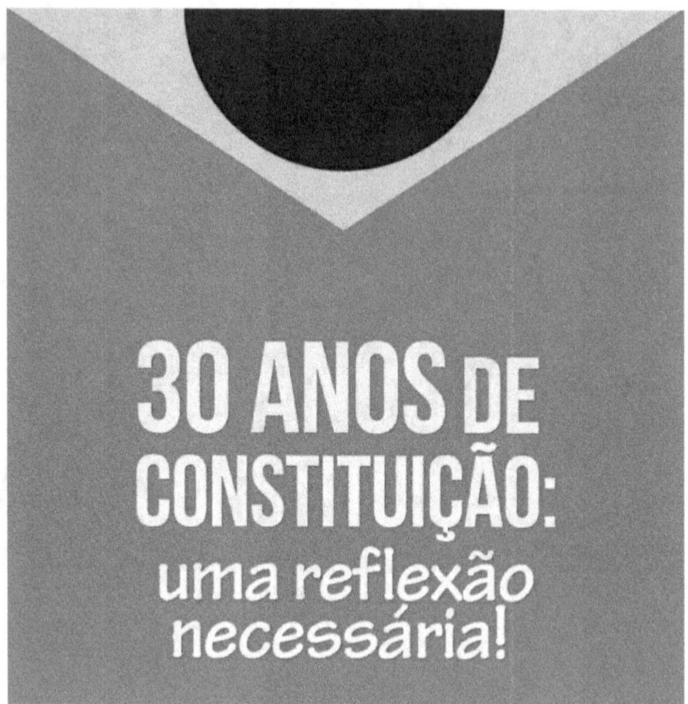

CAPÍTULO 4: DIARISTAS POR APLICACIONES

Cada día, Uberização expone cada vez más la precariedad de los servicios prestados por las más variadas categorías, en esta específica, trataremos el servicio de jornalero, una profesión pesada y difícil donde la mayoría de los profesionales ya han sufrido algún tipo de vergüenza, siendo la de carácter personal, sexual o racista.

Es perentorio que las aplicaciones cayeron en el gusto de usuarios y prestadores de servicios, lo cual no se puede medir, es el hecho de la banalización de las ocupaciones que realizan estos trabajadores, ¿es posible que estemos en un régimen de oligopolio total en Brasil?

Ante un escenario secular en el que tenemos pobreza de un lado y opulencia del otro, estas empresas se nutren de la calamitosa situación que viven los paísesviven países subdesarrollados como el nuestro, no hay interés político ni social en cambiar esta situación.

Segundouna encuesta de 2018 realizada por el IBGE, entre los trabajadores domésticos, dos tercios son negros. Como observó Preta Rara en su libro 'Eu, Empregada Doméstica', los prejuicios estructurales aún quitan oportunidades laborales y la profesión de empleada doméstica se transmite hereditariamente entre las mujeres negras.

Más que generar oportunidades para la categoría, estas aplicaciones enriquecena expensas de la desesperación de estas madres, jefas de hogar que necesitan poner comida en la mesa, un feudo moderno. Hoy cualquiera puede tener una sirvienta para cuidar su casa por R$ 19,90, así es, aplicaciones famosas en el campo ofrecen este trabajo por este monto ridículo, absurdo, el cliente tiene una mucama a su disposición por una hora y media menos de R$ 20,00!

En este paquete, la conducción la paga el proveedor del servicio y una parte se destina alintermediario, las (APP's).Según una encuesta realizada en 2019 por la Revista Exame, "Más de 6 millones de mujeres brasileñas trabajan como empleadas domésticas en Brasil y, tres años después de la PEC das Domésticas, cuyo objetivo es formalizar el trabajo de la clase, el 70% todavía está en una situación informal".

"Las trabajadoras del hogar nunca quisieron ser empleadas del hogar, pero por falta de elección, honraron esta profesión y realizaron una gran labor que casi nunca es reconocida. Estamos luchando por días mejores para garantizar nuestros derechos laborales hasta que seamos respetados dentro de nuestro lugar de trabajo, en busca de relaciones laborales que humanicen nuestra existencia. Recordar mi dolor y experimentar el dolor de los trabajadores en cada historia que leo a diario es un dolor profundo, pero es necesario hacer resonar nuestras voces. Mujeres trabajadoras del hogar en Brasil, fue tan difícil para llegar aquí, cuantos de nosotros perdemos la

> vida dedicando nuestra existencia a favor de personas que solo quieren nuestra fuerza de trabajo Existimos y resistiremos exigiendo nuestros derechos.
>
> *Preta-Rara, Eu, Maid - The Modern Senzala Is The Maid's Quarter 2019.*

En informes realizados por los profesionales involucrados, muchos de ellos manifiestan que nunca se quedan en lo pactado, necesitan limpiar una habitación extra, sacar a pasear a los perros, lavar el patio si quieren ser bien evaluados. Es decir, si un determinado jornalero cumple solo con lo pactado, recibirá 1, 2 o 3 estrellas, es decir, a menos llamadas, se ofrecerá menos servicio, ya que todos los contratistas ven sus notas y cuando esto no es tan alto, dan preferencia a otro que tiene una evaluación más alta, después de todo, no se sabe por qué este colaborador tiene un ranking bajo, abriendo posibilidades para un prejuicio del tipo; si es confiable, si no tocó nada donde trabajaba, si fue a trabajar borracho o drogado, son las cosas más absurdas que pasan por la imaginación del contratista, a su vez,

Otras denuncias son de acoso de carácter sexual, donde el cliente siempre sale con alguna broma, generalmente hombres de mediana edad ya bajo los efectos del alcohol, insinuándose a ellos, en algunos casos forzando la barra. Esta es otra forma de que sus calificaciones bajen, ya que el trabajador se niega apara responder a las insinuaciones de los "jefes", ganan pocas estrellas y como si ya no hubiera hecho bastante daño, incluso hacen una denuncia formal a las apps que se traduce en el despido inmediato del empleado.

En otras situaciones, es común que los hijos e hijas

de clase media y media alta abran la billetera de sus padres, ya sea para comprar bebidas o drogas,pero casi siempre, se desliza hacia la criada, rara vez los padres saben de las actitudes de sus hijos y con aire de certeza, no acusan a la sirvienta.

Es inconcebible que una persona tenga que viajar más de 20km desde una residenciael otro, algunos de estos guerreros, llegan a limpiar tres casas al día, el problema es que suelen estar muy lejos unos de otros, por lo que este profesional tiene que gastar un auto por aplicación de su propio bolsillo, de lo contrario, ella puede si llega tarde y pierde el servicio programado, ocasionando problemas con la aplicación que puede sancionarla en dos o tres días bloqueada (bloqueo temporal).

No hay de quien quejarse, no hay apoyo psicológico para la categoría, pase lo que pase, para la aplicación, el cliente siempre tiene la razón.

Crédito: Reproducción/Twitter Corona Virus: las compras ponen a la anciana de la limpieza a trabajar y la revuelta web de marzo de 2020

La crueldad es tal que una señora del grupo de riesgo es obligada a asistir al servicio para realizar su recorrido en medio de la pandemia. Asunto realizado por el sitio web Turnstile Free.

"Un centro comercial en Belém, Pará generó revuelta en internet, luego de publicar un post en Twitter, con sus iniciativas para la prevención de**nuevo coronavirus.**En el post, Shopping Pátio Belém usó la foto de una señora de la limpieza llamada Doña Rosa, ya anciana y por lo tanto perteneciente al grupo de riesgo por Covid-19, esterilizando un ascensor".

"Aquí te seguimos cuidando a ti y a toda la familia Pátio Belém con la ayuda de Doña Rosa, Rejane y todo nuestro equipo de limpieza, quienes ganaron más de 30 puntos de alcohol en espuma para uso de todos. ¡La prevención es nuestro mayor aliado! ¿Vamos juntos?", dice la publicación.

En nota enviada a Catraca Livre, Shopping Belém se expresó a través de su gabinete de prensa admitiendo el error e informando la decisión de poner en cuarentena a todos sus empleados mayores. Mira la nota completa:

Sobre la publicación que resonó en las redes sociales este martes (17), Shopping Pátio Belém aclara que siempre valora el respeto y la transparencia en la relación que ha construido a lo largo de los años con sus clientes, empleados y toda la sociedad de Pará.

Con el objetivo de mostrar acciones de higiene y prevención para combatir el Coronavirus, el proyecto utilizó la imagen de un colaborador de la mejor edad,

> *muy valorado en nuestro proyecto y siempre dispuesto a atender a nuestros consumidores de la mejor manera posible.*
>
> *Shopping Patio Belém, marzo 2020.*

> *Pátio señala que cometió un error, pero está tomando todas las medidas adecuadas en relación con la protección de todos sus empleados. Y en cuanto a los empleados de mayor edad, a partir de hoy estarán en cuarentena, medida que se adoptó con el objetivo, sobre todo, de velar por el bienestar de los empleados. Cabe señalar que en el Patio se adoptaron otras medidas para garantizar la seguridad de los usuarios del centro comercial.*

Sitio web gratuito del torniquete:https://catracalivre.com.br/saude-bem-estar/coronavirus-shopping-posta-faxineira-idosa-trabalhando-e-revolta-web/Consultado en octubre de 2020.

Haciendo una comparación con la obra Memórias Póstumas de Braz Cubas, el narrador afirma que tuvo la 'buena fortuna de nunca comprar el pan con el sudor de mi frente'.

Con fina ironía, Machado de Assis nos remite a un viejo tema en Brasil, la desigualdad y la injusticia, ya que aún hoy, mientras muchas personas enfrentan trabajos insalubres, con largas jornadas y sin acceso a derechos laborales, otras viven de rentas heredadas y nunca tienen que sudar la cara para ganarse el pan.

Imagen: Fátima Burégio

CAPÍTULO 5: LA INTERVENCIÓN

Las circunstancias fácticas de los proletarios de las empresas de aplicación, se alejan de la clásica situación de subordinación jurídica, aunque es relativamente notoria su visualización de un poder fiscalizador y disciplinario, en una subordinación por algoritmos, mostrando una clara condición de hiposuficiencia, claramente expresada en los largos viajes y bajos salarios.

El Ministerio del Trabajo debe ser más activo en esta nueva categoría, pues ya tenemos miles de trabajadores siendo explotados de manera vil en todo el territorio nacional. ¿No sabe MT que además de la precariedad que padecen, fueram transfiriendo todos los riesgos de las actividades a los profesionales, tales como: adquisición de vehículos, mantenimiento, combustible, seguro para su herramienta de trabajo, seguro de vida y accidentes personales, sin mencionar el riesgo de inactividad, por supuesto, una vez en línea y no Ofreciéndote viajes, el "compañero" está disponible por horas para las solicitudes, ¡sin recibir un centavo si quiere!

los derechosprevisto en la constitución brasileña, cada día ha ido desconectando de las empresas por aplicaciones, y haciéndolas nuevos legisladores de reglas en medio de la escasez económica de Brasil.

Las nuevas tecnologías son muy bienvenidas, pero no pueden tener el poder de transformar severamente los medios de producción en un caos a favor del capital. Fueron años de sangrientas luchas para que los trabajadores tuvieran algún derecho a la venta de su fuerza de trabajo, un deberse proporcionaría el mínimo de derechos ya consagrados.

La idea de que el derecho laboral genera desempleo, permeó el discurso en general, contaminando fuertemente el debate sobre la regulación de aplicaciones y plataformas, particularmente por la condición aparentemente flexible en la que se encuentran los trabajadores de estas empresas. Además, el discurso sobre la naturaleza misma del trabajo en plataformas y aplicaciones juega un papel importante en el debilitamiento de la legislación laboral. Forma parte de una suerte de nuevo adiós a la clase obrera, una narrativa que aboga por la emergencia de cambios radicales en los mercados laborales a escala global, en los que los salarios están siendo reemplazados por nuevas formas de trabajo (FILGUEIRAS y CAVALCANTE, 2020).

Sin embargo, contradictoriamente, quizás nunca ha sido más difícil imponer normas de protección laboral para limitar la compulsión del capital. Vivimos en una coyuntura de una gran ofensiva del capital sobre el trabajo, una verdadera contrarrevolución preventiva de amplitud global, sustentada en una fuerte ideología neoliberal en una fase de crisis estructural del capital.(ANTUNES, 2018).

La regulación es fundamental, pero no onerosa para los trabajadores, sino justa, la falta de poder público en este sector es vergonzosa, no es creando impuestos a los prestadores de servicios que tendremos soluciones satisfactorias, sino creando nuevas leyes que hagan traje de empresas.

También hay que garantizar el mínimo diario para cada trabajador, y con jornadas de un máximo de 8 horas, y al menos un día libre a la semana, nadie puede subsistirdurante mucho tiempo en condiciones adversas. Corresponde al gobierno actuar con rapidez y objetividad.

CAPÍTULO 6: CONCLUSIONES

Hoy en día, el horror del trabajador es estar subordinado a un patrón. El caciquismo patronal es notorio, todos los que alguna vez han sido explotados por un "jefe" saben lo difícil que es su vida profesional, sin embargo, están haciendo que el caciquismo del capital se presente como liberador. Confundir libertad con necesidades es lo que viene ocurriendo contemporáneamente y la escasez de mano de obra se convierte en un gran incentivo para esta adhesión, donde el pensamiento crítico se ha desvanecido en las últimas décadas.

Cuando la socialdemocracia se abstuvo de sacar a relucir los grandes temas como la búsqueda de mejores condiciones de trabajo, la lucha por los salarios, etc., el capital lo hizo, de manera sencilla pero seductora. Cuando la gente dice, yo soy mi jefe, tengo el privilegio de trabajar mis horas, trabajo por mi cuenta, se crearon varias utopías que diezmaron los derechos una vez conquistados. Se hizo de una aceptación de la necesidad como la más pura virtud y enmascaró los enfrentamientos de las luchas de clases.

HaciendoEn un análisis de los últimos 30 años, numerosas reestructuraciones empresariales han intensificado el desempleo, aumentando la competencia entre los trabajadores y dando lugar a una franca expansión de formas de contratación laboral precaria. Así nació el empleo tercerizado, cuaternizado, etc., donde el Estado creó una contrarreforma, con el objetivo de asegurar el flujo de recursos públicos a las clases dominantes. A través de cambios impuestos por el propio Estado, se resolvieron conquistas constitucionales, permitiendo las asociaciones público-privadas, así como la desvinculación de los ingresos sindicales en Brasil. Estas acciones garantizaron la privatización de varias empresas estatales, donde la burguesía no asumió la propiedad directa, sino la rentabilidad de los procesos.

En 2008 fuimos testigos de la gran crisis norteamericana que impactó al mundo entero, generando una enorme ola de desempleo y profundizando aún másla precariedad del trabajo, iniciando la generalización de iniciativas de economía de plataformas, no como las que tenemos hoy, sino una informalización de los medios de producción.

En 2013,seguimos la gran crisis en Europa, donde la Troika; El Banco Central Europeo, el Banco Mundial y la Unión Europea obligaron a países enteros como Grecia, Portugal, España e Italia a masacrar a sus poblaciones, con el objetivo de garantizar la rentabilidad de sus sectores capitalistas fundamentales.

A partir de la década de 2020, este tipo de destrucción de la causa trabajadora se ha ido expandiendo. En el espacio de 30 años, lo que se puede testimoniar es que la clase obrera ha sido golpeada y arrojada a profundos lodazales para garantizar la soberanía del capital.

En el ámbito político, los gobernantes valoran sus

intereses, sus reelecciones y para que puedanperpetuarse en el poder como dinastías al servicio del mantenimiento del capital. Poco a poco, las pensiones de la clase obrera en Brasil se están extinguiendo, la educación pública se está desechando cada año y los derechos laborales no se tienen en cuenta, y para evitar una inminente revuelta popular, los gobiernos con el asesoramiento del Banco Mundial, gotean características como ; ayuda de emergencia, asignación familiar, para mitigar el sufrimiento creado por ellos mismos en apoyo del gran capital.

Y finalmente, la gran masa trabajadora debe seguir produciendo la riqueza del país, sin embargo, cada vez la reparten menos.estas riquezas producidas y necesitan dar una mayor cuota de sangre, sudor y trabajo para garantizar su subsistencia y el mantenimiento del capital.

REFERENCIAS BIBLIOGRÁFICAS

(PNAD) 2004. Disponible en: <http://www.ibge.gov.br>. Consultado en: 2019.

ANTÚNES, Ricardo. El privilegio de la servidumbre: el nuevo proletariado de servicios en la era digital. São Paulo: Boitempo, 2018.

BRASIL. Constitución (1988). Constitución de la República Federativa de Brasil. Brasilia, DF: Senado Federal: Centro Gráfico, 1988.

Departamento Intersindical de Estadística y Estudios Socioeconómicos (DIEESE)

FILGUEIRAS, Víctor; CAVALCANTE, Savio. ¿Qué ha cambiado: un nuevo Adiós a la Clase Obrera?. Revista Brasileña de Ciencias Sociales, v. 35, núm. 102, pág. 1-22, 2020.
Fundación Getúlio Vargas (FGV)
Instituto Brasileño de Geografía y Estadística (IBGE)

Leviatán. Materia, forma y poder de un estado eclesiástico y civil. (Traducción de João Paulo Monteiro y Maria Beatriz Nizza da Silva).

Instituto de Investigación de Locomotoras

RAMOS, Graciliano. Vidas secas. 23. ed. São Paulo: Martins, 1969.

Referencias bibliográficas: ASSIS, Machado de. Las Memorias póstumas de Bras Cubas. São Paulo: Moderna, 1999.

REVISTA EXAME. São Paulo, edición 786, año 54, n° 4, 26 ago. 2019. ______.

Sindicato de Motomensajeros, Ciclistas y Taxistas del Estado de São Paulo (SindimotoSP)

Sitio web: Torniquete gratuito

sociedad del cansancio. Traducción de Enio Paulo Giachini. Petrópolis: Voces, 2015. 80 p.

---

[1] La cuarta revolución industrial, o Industria 4.0, es un concepto desarrollado por el alemán Klaus Schwab, director y fundador del Foro Económico Mundial. ... Usando estas tecnologías como base, la industria 4.0 tiende a estar completamente automatizada a partir de sistemas que combinan máquinas con procesos digitales.

[2] Término que utilizan las aplicaciones para referirse a mensajeros o conductores.

ACERCA DEL AUTOR

José Ruiz Watzeck

Periodista, Escritor, Autor, Geógrafo, Matemático, Profesor, Neuropsicopedagogo, Especialista en Enseñanza Superior, Postgraduado en Auditoría, Gestión y Licencias Ambientales, Postgraduado en Geoprocesamiento y Georreferenciación, Pedagogo.

LIBROS DE ESTE AUTOR

La Historia De La Astronomia - Desde La Prehistoria Hasta El Siglo Xx

La astronomía es la más antigua de las ciencias. Los descubrimientos arqueológicos han proporcionado evidencia de observaciones astronómicas entre los pueblos prehistóricos. Desde la antigüedad, el cielo se ha utilizado como mapa, calendario y reloj. Los registros astronómicos más antiguos datan aproximadamente del año 3000 aC y se deben a los chinos, babilonios, asirios y egipcios. En aquella época, los astros se estudiaban con objetivos prácticos, como medir el paso del tiempo (calendarios), predecir el mejor momento para la siembra y la cosecha, o con objetivos más relacionados con la astrología, como hacer predicciones sobre el futuro, ya que creían que los dioses del cielo tenían el poder de la cosecha, la lluvia e incluso la vida.

Al estudiar sitios megalíticos como los de Callanish en Escocia, el círculo de Stonehenge en Inglaterra, que data del 2500 al 1700 a. C., y las alineaciones de Carnac en Bretaña, los astrónomos y arqueólogos han llegado a la conclusión de que las alineaciones y los círculos sirvieron como hitos que indicaban referencias. y puntos importantes en el horizonte, como las posiciones extremas de la salida y puesta del Sol y la Luna, a lo largo del año. Estos monumentos megalíticos son auténticos observatorios para predecir eclipses en la Edad de Piedra.

En Stonehenge, cada piedra pesa una media de 26 toneladas. y la avenida principal que va desde el centro del monumento apunta al lugar donde sale el sol en el día más largo del verano. En esta estructura, algunas piedras se alinean con el amanecer y el atardecer a principios de verano e invierno. Los mayas en América Central también tenían conocimiento del calendario y los fenómenos celestes, y los polinesios aprendieron a navegar a través de las observaciones celestes.